I0825442

ALGOMETRY

АЛЬГОМЕТРІЯ

АЛЬГОМЕТРІЯ

вірші

ІРИНА ВІКИРЧАК

З української переклала

НІНА МЮРРЕЙ

Видавництво «Лост Горс»
Сайо, Орегон

ALGOMETRY

poems

IRYNA VIKYRCHAK

translated from the Ukrainian by

NINA MURRAY

LOST HORSE PRESS
Scio, Oregon

Al´gometria was first published in 2021 by Parasolia Publishing, Kyiv, Ukraine.

Printed in America.

Series Editor: Grace Mahoney

Cover art: "Letter Ж" by Olga Opanashchouk. Other fine art by Olga Opanashchouk can be viewed on Instagram: olga.opanashchouk.
Iryna Vikyrchak photo: Krystyna Khomenko
Nina Murray photo: Translator's personal archive
Book design: Christine Lysnewycz Holbert

FIRST EDITION

This and other fine LOST HORSE PRESS titles may be viewed on our website at www.losthorsepress.org.

LIBRARY OF CONGRESS CATALOGING-IN-PUBLICATION DATA
Cataloging-in-Publication Data may be obtained from the Library of Congress
ISBN 979-8-9890965-2-7

LOST HORSE PRESS
CONTEMPORARY UKRAINIAN
POETRY SERIES

Volume Seventeen

зміст

contents

algometry

anthropology

амнезія

amnesia

передмова

Вибір вдалої назви для книжки є безумовною гарантією потрапляння її в ціль, в цільову аудиторію, яка відразу зрозуміє, про що авторові/авторці йдеться і на чому він/вона фокусується. Особливо це працює з поезією, адже далеко не кожен читач може сам осягнути всю глибину і множину закладених сенсів. Але навіть там, де ми не можемо чогось зрозуміти в складній екзистенційній матерії, поезія дає шанс відчути. Добра назва для книжки є своєрідним вказівником, куди ми прямуємо, або попереджуючим знаком, що там нас очікує. Найкраще, коли ця назва – містка й не до кінця зрозуміла – відсилає читача до досвіду інших наук про людину, які суттєво доповнюють наше розуміння людського та збагачують поетичну мову осмислення та самоопису.

Назвавши поетичну книжку "Альгометрія", Ірина Вікирчак, без сумніву, відкриває дуже продуктивний напрямок для роздумів, прочитань, самозаглиблення та самоаналізу. Альгометрія – це виявляння больової чутливості шляхом натискання на больові точки, оцінка сенсорних порогів під дією певних стимулів, царина медицини невідкладних станів, поле для дискусій лікарів, психологів, неврологів та нейрофізіологів. Поняття "альгометрії" тягне за собою цікаву та продуктивну термінологічну метафорику на зразок понять "больовий поріг", "інтервал больової переносимості", "больовий шок", "дзеркало болю" тощо. "Що ж це за такі терміни, які не можуть вилонитися із метафоричного лушпиння і стати точнішими й однозначними, як того вимагає будь-яка наука?" – запитає далекий від поезії прагматик. "Навіщо це нам у поезії?" – запитає читач, який очі-

foreword

THE RIGHT CHOICE IN TITLE can guarantee that a book finds its target audience, who will instantly grasp what the author is writing about and why. This is especially true for poetry, since not every reader can independently perceive the entire depth and breadth of the meanings intended by its author. But even when we, readers, fail to discern something in the complex fabric of existence, poetry gives us a second chance—to intuit. The right title for a book is a road post, telling us where we are going, or a warning sign about what lies ahead. A perfect title is also evocative, not immediately obvious, and refers the reader to the domain of science, which significantly enhances our understanding of our own humanity and enriches the poetic language of contemplation and self-description.

By choosing *Algometry* as the title for her poetry collection, Iryna Vikyrchak, without a doubt, has unlocked a rich path of reflection, interpretation, introspection and self-analysis. Algometry refers to the procedure for determining physical sensitivity by pressing on the body's pain points and the science of measuring pain thresholds produced by different stimuli—a word belonging to the realm of emergency medicine and usually the subject of discussion among physicians, neurologists, and neurophysiologists. The concept of algometry produces interesting and productive terminological metaphors, such as the concept of "pain threshold," "pain tolerance interval," "pain shock," "mirror pain," et cetera. "But how useful are these terms if they can't break loose of their metaphorical shells and become precise and unambiguous as is required by good science?" a pragmatic stranger to poetry might ask. On the other hand, a reader that expects poems to be highly aestheticized invocations of the most delicate

кує від віршів лише красивості та зачіпання делікатних струн прекрасного. А й справді – навіщо?

Поезія часто криється там, де її ще не шукали (бо там, де вже шукали і знайшли, височіють цілі гори поетичних штампів та стереотипів словесної комбінаторики, які давно перестали зачіпати естетичне чуття). Для цього поетам нелегких часів доводиться плекати свої "квіти зла", розколупувати тріщини власного "я", зазирати за лаштунки життєвого досвіду, особистих та історичних травм, вимірювати глибину екзистенційних прірв. Як би ми не намагалися уникнути фізіологічності зображення людського, обійтися без поняття «болю» неможливо. З. Фройд називає біль ключем до усвідомлення людиною власного тіла, який допомагає отримати "репрезентативне знання" про себе, а відтак – про світ. Звісно, сенсорне сприймання болю є фізіологічним процесом, натомість емоційне відчуття болю значною мірою залежить від самої особистості, свідчить про неї саму.

Феномен болю поєднує в собі багато аспектів: це і проблема взаємодії розуму й тіла, і здатність до самоспостереження, і вибір мови опису для своїх больових відчуттів, і погляд на біль крізь призму особистого досвіду, віку, виховання та інші характеристики особистості, й питання емпатії та співпереживання чужого болю. Інтерпретація людиною свого болю, емоційна реакція та поведінка під дією болю є речами не менш суб'єктивними, ніж сама поезія. Як би мазохістично це не прозвучало, біль надає поезії (і загалом мистецтву) глибини осмислення та інтенсивності переживання, дозволяє зрозуміти, як біль змінює особистість або ламає природну довіру до тіла, як витоншує. Справжня поезія, як і медицина невідкладних станів, не може обійтися без об-

shades of the beautiful and the true, might well ask, "Why do we need these in poetry?" Indeed, why?

Poetry is often concealed where no one has looked for it yet (because the well-searched territory is crowded with mountains of poetic clichés and stereotypical verbal acrobatics). To do so, the poets of difficult times must cultivate their own "flowers of evil," pick at the cracks of their own selves, look behind the curtains of lived experience—their personal and historical traumas—and measure the exact depth of existential chasms. No matter how hard we might try to avoid portraying the physiological aspect of being human, we cannot do without the concept of pain. Freud identified pain as the key to an individual's awareness of their own body; the key that helps one obtain "representational" knowledge of oneself and, therefore, the world. The sensory perception of pain is, of course, a physiological phenomenon, but the emotional experience of pain largely depends on the personality of the subject, and thus confirms their subjectivity.

The phenomenon of pain contains many dimensions: here is the problem of the mind-body interaction, and the ability to self-observe, and the choice of language to describe one's painful sensations. Pain is refracted through the prism of the individual experience, age, education, and other characteristics. And finally, there is the question of empathy and the ability to share someone else's pain. How people interpret their own pain—their emotional reactions and behavior under its influence—is no less subjective than poetry itself. And, at the risk of sounding masochistic, pain brings to poetry (and art more generally) an additional depth of reflection and intensity of experience; pain affords us a chance to understand how pain transforms an individual, violates their trust in their own body, hones them. True poetry, just like emergency medicine, cannot proceed without first establishing, precisely, the author's position on the scale of pain, and

разного з'ясування, де, за шкалою болю, перебуває сам автор, а відтак і читач, який йому співпереживає.

Але своєрідним каменем спотикання в розумінні болю є ота його суб'єктивна природа, яка породжує усі ці "вірю – не вірю", спонукає мірятися болем та просторікувати, наскільки стерпним чи наскільки нестерпним він є для когось Іншого. Якщо екстраполювати феномен болю з конкретного на загальне (певний колективний досвід, історичні травми, поколіннєві кризи, посттравматичні синдроми), то неозброєним оком видно, наскільки більшість із нас не розуміє своїх больових симптомів і не в стані їх добре описати (не кажучи вже про осмислити та пропрацювати). Поезія, яка береться за нелегку справу опису й осмислення болю (а саме такою є поезія Ірини Вікирчак), робить нам неоціненну послугу, адже від точності й детальності опису залежить не тільки діагноз, а й саме зцілення. Але примітивно було б зводити поезію лише до якоїсь терапевтичної функції.

Попри все вищесказане, в "Альгометрії" ви майже не зустрінете слів "біль", "боліти", "страждати" чи описів хвороб, авторці йдеться про інший вимір чутливості до болю. Натомість ви відчуєте, як можуть тиснути корсети із книг, які були прочитані "зарано, зашвидко, заглибоко / тобі увійшли поміж ребер й під шкіру" (надзвичайно точний опис!). Бо, зазираючи в темне минуле, як свідків про кризу-інфляцію-дев'яності авторка (альтер его – принцеса-воїн) викликає те, чого не було в її дитинстві, те, чого бракувало, і те, чого ніяк не вдається заповнити і замістити, як не бийся, послуговуючись метафорою Олега Лишеги, головою об лід реальності. Відсутні елементи та незаповнені лакуни минулого виявляються в теперішньому битими пікселями, від'ємною

therefore also finding the position of the reader who experiences the author's pain vicariously.

The subjective nature of pain tends to make it contentious, generates arguments about believability, produces the urge to compare individual pain, and vainly, discuss how intolerable it is or isn't for the Other. If we extrapolate the phenomenon of pain from the concrete to something more general—a collective experience, historical traumas, generational crises, post-traumatic syndromes—it becomes very obvious how hopelessly most of us do not understand our own painful symptoms and cannot describe them accurately—let alone reflect on them. Any poetry that takes up the difficult task of describing and transforming pain—which is exactly what Iryna Vikyrchak's poetry does—performs for us an invaluable service: not only the diagnosis but also the prospect of healing depends entirely on the precision and accuracy of how she describes pain. But of course, it would be primitive to reduce poetry to therapeutic effects.

Despite all of the above, the reader will only rarely encounter words like "pain," "ache," "suffering" or descriptions of disease in this book. The author explores a different plane of sensitivity: you will recognize the way corsets of books can cause discomfort if those books had been read "too early, too quickly, too deeply / did they get between your ribs and under your skin" (an incredibly precise description!). Looking back into the dark times as a witness of "crisis, inflation, the nineties," the author (whose alter ego is the Princess Warrior) summons what had been absent, missing from her childhood, what had left lacunae that cannot be filled or replaced no matter how hard, to use Oleh Lysheha's metaphor, one beats one's head against the ice of reality. The absences and lacunae of the past manifest themselves in the present as broken pixels, negative information, black holes. And still, among them, one finds the small lights of

інформацією, чорними дірами. Але поміж ними час від часу натрапляєш на свічки впізнаваних речей і близьких образів, турботливо запалені авторкою в темних місцях дитячих спогадів, "адже ніколи не знаєш, / де саме тебе застане / несподівана темрява".

Поетика переростання (дитячих хвороб, поколіннєвих травм, власних обмежень) послуговується дуже буденною мовою, із термінологічною точністю метафор, із мінімумом емоційних маркерів та граничною простотою риторичних фігур. Нічого не прикрашаючи й не спотворюючи, ця нова, гранична щирість пригадування себе в "Альгометрії" вивищується над самоіронією, не боїться показати свої больові точки і слабкі місця, не боїться видатися банальною чи сентиментальною ("головне / не забути сло́ва якогось в молитві, не знайти підходящого, вчасного / триматись за досвіди ранні, дитячі, далі любити Бога і Світ"). Кожне таке ліричне зізнання стає важливим знанням про себе, об'єктивацією суб'єктивного досвіду, шляхом самопізнання і самовпізнавання. Самонаближення. Це стається тоді, коли доросла жінка більше не може закривати очі на те, як на маленьку дівчинку із закритими очима посеред гастроному напроти дому кричить незнайомий дядько.

І в цьому, як на мене, криється основна сила цієї книжки, – в ключовому моменті відкриття очей, у внутрішній метаморфозі, коли твоя болісна вразливість і відкритість перетворюється на силу бачити й говорити від імені свого болю та болю інших, рости, переростати, давати можливість рости іншим.

Галина Крук

familiar things and cherished images: the author had carefully lit them in the dark corners of her childhood memories because "you never know / where exactly / the sudden darkness / will catch you."

The poetics of outgrowing (childhood conditions, generational trauma, one's own limits) makes use of emphatically everyday language, with terminologically-precise metaphors, a minimum of emotional markers and utmost simplicity of rhetorical choices. Distorting or lionizing nothing, this new, liminal honesty with which the self remembers itself in Algometry supersedes irony and has no fear of revealing its pain points and vulnerabilities, just as it has no fear of appearing banal or sentimental: "It's important not to forget / a particular word in your prayer, to find one that's / timely, appropriate, / to hold on to your early, childhood experiences, / go on loving God and the World." Each one of such lyrical confessions becomes a piece of critical knowledge about the self, another path of introspection and self-recognition. Of reducing the distance from one's true self. Seeing oneself is what happens when a grown woman can no longer ignore the man yelling in the middle of a grocery store at a little girl standing there, eyes shut.

In this, for me, lies the power of this book: it summons the key moment of confronting, of opening one's eyes, of the internal metamorphosis when one's painful openness and vulnerability are transformed into the strength to see and speak on behalf of one's own pain and the pain of others. The strength to grow, outgrow, and give others a chance to do the same.

—*Halyna Kruk*

альгометрія

algometry

recycling

ритуал рано-вранці починається з того,
що надягаєш намисто зі старих медальйонів
із фото усіх, кого носиш в собі
з усіма тягарями і оберегами

браслет із ключів тих помешкань,
де на стінах завжди було написано,
що найпостійніше в житті – непостійність

корсетом зі старих обкладинок стягуєш
талію й груди, так, що аж не можеш дихати
бо прочитала ті книги зарано, зашвидко, заглибоко
тобі увійшли поміж ребер й під шкіру

а можна ще часом брошки й сережки
із того, чого в тебе не було в дитинстві
бо криза, інфляція, дев'яності

і всі ті обличчя із медальйонів –
знайомі і незнайомі, хоч кожне з них
чимось схоже на тебе саму

і голоси всі, що ними дзвенить твоя збруя
і вся твоя тривожність, уся твоя відвага,
всі твої мрії і сни твої всі,
делікатні зап'ястя, шию вразливу і гострі коліна –
захищай обладунками й талісманами
з мотлоху, непридатного більш ні до чого –

й будь готова до бою, принцесо-воїн
сонце бо встало вже

recycling

the ritual begins very early in the morning
with you putting on the necklace of old medallions
with the pictures of everyone you carry inside you
with all their burdens and amulets

the bracelet made of the keys of the apartments
where the words on the walls told you
the most permanent thing in life is impermanence

the corset of old book-covers you cinch
around your waist and chest until you can barely breathe
because you had read those books too early, too quickly, too deeply
did they get between your ribs and under your skin

sometimes also you could put on brooches and earrings
made of what you didn't have as a child
because—crisis, inflation, the nineties

and all those faces from the medallions—
familiar and strange, although every one of them
somehow resembles you

and all the voices with which your harness resounds
all your anxiety, all your courage,
all your dreams and everything you dream of at night,
put on your armor on your delicate wrists,
open throat and sharp knees
protect yourself with chainmail and talismans
made of the trash not good for anything else

and be ready for battle, my princess-warrior
the sun is already high

прометей

тоді
у кожній кімнаті
на видному місці
в горнятку чи склянці
напоготові стояло по свічці –
адже ніколи не знаєш,
де саме тебе застане
несподівана темрява

віск стікає по пальцях й приємно пече,
поки іншою рукою
намацую свій шлях до місця,
де тебе, неозброєного, захопила пітьма

як Прометей, несу світло вогню,
всупереч наріканням,
що виїдають мені печінку

і так кожного дня
майже десятиліття

prometheus

back then
every room
had a candle
in a mug or a glass
placed somewhere conspicuous—
you never know
where exactly
the sudden darkness
will catch you

the wax runs down my fingers, burns pleasantly
while with my other hand
i feel my way to the place
where you, unarmed, have been trapped by the dark

i carry the light of the fire, just like Prometheus
despite all protestations
that eat at my liver

and this—every day
for almost a decade

позич

хто ця жінка, що будує по-дивному речення
під твоїм же іменем, на які натрапляєш, намагаючись
щось віднайти в історії повідомлень?
чому не впізнаєш ані слів,
ані навіть не пам’ятаєш мериторично –
звідки у неї такі знання, куди вони зараз поділись,
що сталося з механізмом пам’яті

які їй тоді снилися сни і чому вони зараз інші
жінко, котрій належать ці дивні речення,
між рядків твоїх видніється бог твій
позич мені хоч на трохи
з того часу у цей
покористуюся і віддам

let me borrow

who is this woman who constructs such odd sentences
under your name, the ones you find trying
to find something in your text message history?
why do you not recognize any words
or even recall very basically—
where did she get all that knowledge, and where did it all go,
what happened to the machinery of memory?

what dreams she had back then and why they are now different
oh woman who builds these odd sentences
one can glimpse your god in-between your lines
let me borrow her, just for a minute
from that time to this
I'll use them for a while and give them back

постчорнобиль

непереливки
було нашим батькам
мамам і татам покоління ігрек
східноєвропейських міленіалів

пильнувати невидимий фон
наші зайві два сантиметри печінки
ступінь збільшення щитовидки
розпад імперії війну на балканах
лімфовузли гематологію карієс
санаторний електрофорез
кисневі коктейлі нафтусю
озокерити рентгени
планові відключення і термінові включення

коли палало, ви з татом пили домашнє вино на Говерлі
і звідти було вам видно полум'я, кажете

тривожні й невчасні,
але ми переросли, ма
переросли
і в нашій тривожності – вся наша сила

postchornobyl

they had it rough
our parents
moms and dads of the generation y
the millennials of eastern europe

had to watch the invisible rays
our extra inches of liver
the thyroid degree of enlargement
the balkan war the collapse of the empire
lymph nodes hematology caries
sanatorium electrophoresis
oxygen cocktails the truskavets mineral water
ozokerites x-rays
regularly scheduled power cuts and emergency broadcasts

when it burned, you and dad were drinking
homemade wine on Hoverla
and could see the blaze from there you tell us

anxious and poorly timed,
but we've outgrown it, ma,
we've outgrown it
and our anxiety is our greatest strength

fm

найгіркіше в житті
ми з сестрою плакали
через музичний центр
сусідки

велика розкіш
великі колонки
а у нас
до магнітофона
всього дві касети
і мама на заробітках

добре, хоч радіо є
радіо є
fm

fm

in our lives
my sister and I
never cried more bitterly
than over the music center
our neighbor had

a great luxury
great big speakers
we had
only two tapes
to go with our player
and mom away a guest worker

at least there was radio
and it was rad
fm

дерматин

шкіра не горить, правда?
каже захеканий продавець
дерматинових курток
на Калинці
і підносить полум'я
запальнички
до манжета свого товару

надворі дев'яності,
на базарі води по коліна
після зими
шкільним вчителям
видають зарплату
горілкою й прапорами

а коли вечорами
вимикають електрику
(чомусь завжди лише на нашому боці вулиці)
мама і тато стають лагідними
показують нам
тінями від свічок на стіні
майбутнє

pleather

leather doesn't burn, right?
says the man selling fake leather coats
(he is out of breath)
in the Kalynka market
and puts the flame of his lighter
under the cuff of his goods

it's the nineties out there
water in the market knee-deep
after the winter
school teachers
are getting paid
in vodka and national flags

and when the power
shuts off at night
(for some reason always only on our side of the street)
Mom and Dad become tender
and help us see
in the shadows the candles throw on the wall
the future

універмаг

купуємо глиняного кота
чи кита
мабуть таки кота
кит – то не вітчизняне
порожнистого всередині
щоб збирати у нього монети

порцеляновий кіт із відбитою лапою,
щоб вийняти з нього монети
порцеляновий кіт із приклеєною лапою,
щоб знов у нього монети збирати
порцеляновий кіт із приклеєною лапою,
що дзвенить, якщо ним потрясти

рай починався на першому поверсі
універмагу
там було максимальне скупчення
кольорових цікавих штук
наприклад, порцелянові коти
вздовж полиці на цілу стіну
наприклад, порцелянові півні
вздовж полиці на цілу стіну
наприклад, порцелянові
та й усе

the department store

we buy a clay cat
or a crab
probably still a cat
a crab—that's not very domestic
empty inside
to collect coins

the porcelain cat with a paw broken off
to get the coins out of it
the porcelain cat with the paw glued back on
to collect coins again
the porcelain cat with its glued on paw
that jingles inside when you shake him

heaven began on the ground floor
of the department store
the peak agglomeration
of colorful curious things
for instance, porcelain cats
on the shelf the length of the wall
for instance, porcelain roosters
on the shelf the length of the wall
for instance, porcelain
and that's all

гастроном навпроти дому

кожного разу, поки якийсь чоловік
репетує на мене дорослу
закриваю очі
бачу довкола себе
гастроном
знизу вгору дивлюсь на
полиці з пакетами цукру і манки
і червоні настільні ваги "Тюмень"

з мого кутка добре видно,
як продавщиця –
тьотя Ганя з багатоквартирного –
накладає комусь мармелад
(мені теж хочеться, але не можна)
виставляє важкі гирки –
мініатюрні бідончики для рівноваги

інша тьотя Ганя у відділі з крупами
совком набирає з мішка горох
і робить те саме на синіх вагах "Тюмень"

з мого кутка
добре видно,
як розходяться тріщини
по темній бетонній підлозі
завчаю їх, як алфавіт, напам'ять
і рухи двох тьоть гань

заборонено звідси рухатись
аж поки бабця не прийде по мене

grocery store across from home

every time another man
harangues me, grown up
i close my eyes
see around me
the grocery store
look from my vantage below
up at the shelves with packets of semolina and sugar
and the red tabletop scale of the *Tyumen* type

i can see very well from my corner
how the sales-lady—
aunt Hania from the high-rise—
measures out marmalade for someone
(i want some to but am not allowed)
lines up the heavy small weights—
miniature milk-jugs to find the balance

a different aunt Hania in the bulk foods department
scoops out split peas from a sack
and repeats the same process with a blue *Tyumen* scale

i can see very well
from my corner
the cracks spread
across the dark cement floor
like my ABCs i memorize them
and the motions of the two aunt Hannias

i am not permitted to move
until grandma comes to collect me

і забере, ніби ріпку
вирішивши тим часом якусь
дуже важливу справу

і ось я відкриваю очі і знову є

like a turnip
after she takes care of some
very important business

and now i open my eyes and am again

крокодил

правила такі:
не промовляти слів
ані звуків

не вказувати пальцем
на предмети з реальності

маєш час аж допоки знову не буде
електрика і увімкнеться телевізор

світло свічок тобі в поміч
світло свічок тобі в поміч

а тепер
спробуй-но покажи фразу:
садити картоплю
квадратно-гніздовим
методом

crocodile

the rules are as follows:
you don't speak a word
or make a sound

you do not point
to objects of this reality

you have time until the power
comes back on and so does the TV

may the light of the candles help you
may the light of the candles help you

and now
let's see you mime this:
planting potatoes
according to
the square-nest method

загальноосвітня школа і-ііі ступенів

I

усілякі там педагоги й педагогині, ні
ганни петрівни й орисі михайлівни
виховательки дня, продовженого до безкінечності
широко усміхнені на батьківських зборах
глибоко стривожені, що чиясь дитина
досі не знає таблички множення – як так?
старшокласники, бачте, на "дошці ганьби"
ними гидує школа, директор, завуч і вчительки
стережіться, бо і вам туди дорога
коридор ганьби, ніби хресна дорога

чергові учні з пов'язками на передпліччі
отримують владу над меншими й старшими
руку кладуть на плече поважно, "не бігати"
розбороняють бійки, тримають порядок

в туалет у підвалі виходити тільки по двоє
бо там хтось може чигати із тих,
із "дошки позору", і не відомо, в якому вони
настрої і який урок прогулюють

тиждень однокласниця виходила з дому
і замість до школи, ходила в парк
а потім коли її раптом не знайшли ні вдома, ні у школі,
вірніше, знайшли, на жаль, в парку
довго тицькали образ господній в лице:
признайся, де була і на іконці клянись
май совість дитино, перед всім класом
юна злочинниця, десять років

secondary school of the i-iii levels

I

all kinds of schoolmasters and mistresses, no
hanna petrivnas and orysia mykhailivnas
pedagogues of the day extended to eternity
who smile widely at parent-teacher conferences
are deeply concerned that somebody's child
still doesn't know the multiplication table—how is that possible?
upperclassmen, you see, on the "wall of shame"
the whole school disapproves,
the teachers, the principal and his deputy
watch out you don't end up just like that
the hallway of shame like the path to the cross

students on duty wearing armbands
are given power over the younger and older
put a hand on your shoulder importantly, "no running"
break up fights, maintain proper order of things

bathroom breaks to the basement are to be taken in pairs
because one of those, from "the wall of shame"
may be lurking there and who knows what mood
they are in and which class they are skipping

for a week my classmate left her house
and instead of going to school went to the park
and later when suddenly she could not be found
either at home or at school
or, rather, was found, unfortunately, in the park
they kept shoving the Lord's image at her:
tell us where you had been and swear on this icon

техніка читання 320 слів за хвилину
рекорд школи, до речі
плакала і клялась на іконці
що більше не буде тікати з цієї в'язниці

шкода, тоді я їй не сказала,
не мала голосу, що втекла б із нею,
якби дозволило виховання
і ми б почувались безпечно і свіжо
із Бембі із Чарівником із країни Оз
під деревами в занехаяному парку

але, мабуть, ганна петрівна чи орися михайлівна –
імена по батькові всі однакові –
щось запідозрила,
прочитала мої думки,
розвернулася і рявкнула, нічого нового:

де домашнє завдання? де домашнє завдання, питаю?
смійтеся з неї, діти, смійтеся! голосно!
усім класом

II

після четвертого – іти на всі вчителі
ходити по кабінетах
забиратися звідси

III

геть

have some shame, child, in front of your entire class
the young delinquent, all of ten years of age
she could read 320 words a minute
the school record, by the way
cried and swore on the icon
that she would not again try to escape this jail

i'm sorry i did not say to her then
didn't have the voice, that i would have run away with her
if only my upbringing allowed
and we would have felt safe and new
with Bambi with the Wizard of Oz
under the trees in the neglected park

but hanna petrivna or orysia mykhailivna
their patronymics all sound the same
must have sensed something
and read my mind
she turned around and bellowed, nothing new there:

where is your homework? where is you homework, i'm asking!
laugh at her, children, laugh! laugh louder!
all together now

II
after the fourth—go to each of the teachers
one room to another
get out

III
of here

інтуїція

M.D.

та, що навчила тебе молитися,
більше нікуди від тебе не дінеться
що навчила любити Бога і Світ, можливо,
не буде снитися
імовірно, не спорожніє твій дім без неї,
не витиме пес на місяць
ніхто неноситиме чорне і сонце
вранці, ніби нічого не сталося, встане
а за тиждень прийде весна і лілії
білі й тигрові, і гіацинти,
і навіть засохлий персик, і стара алича,
і клематис чіпкий, і півонії –
усе проросте і пов'ється, а до травня,
гляди, й зацвіте, і суцвіття
зонтичне кропу заглушить бур'ян і пирій,
затінить всі ніші і прóсвіти.

і що буде далі, за травнем?
заповнять наш простір самшит і гліцинія,
стебла виткі розсунуть каміння: та сила від неї.
Головне
не забути слóва якогось в молитві, не знайти
підходящого, вчасного
триматись за досвіди ранні, дитячі,
далі любити Бога і Світ. Як раніше
спостерігати за місяцем, щороку сіяти кріп
і поливати клематис
і якщо влітку на мокре волосся твоє

an intuition

M.D.

she who had taught you to pray
—you will never be left without her
she who had taught you to love God and the World, will not,
most likely, appear in your dreams
your home, most likely, won't feel abandoned without her
and the dog won't howl at the moon
no one will dress in black and the sun
in the morning will rise as if nothing happened
in a week, spring will come and the lilies
tiger and white, and the hyacinth,
and even the dried-up peach-tree and the old wild plum,
the tenacious clematis and the peonies—
everything will sprout and flourish, and by May,
you'll see, it will bloom, and the parasols
of dill flowers will choke the weeds and the wheat grass,
cast shadows on each niche and opening

and what will come next, after May?
our space will be filled by boxwood and wisteria,
the climbing stalks will push stone apart:
the strength comes from her.
It's important not to forget
a particular word in your prayer, to find one that's
timely, appropriate,
to hold on to your early, childhood experiences,
go on loving God and the World. To observe,
as always, the moon, plant dill every year
and water the clematis

сяде метелик попити, чи хмара
рожева зависне над дахом, де би не був твій дім.
Знатимеш точно, напевно,
хто їх туди
привів

and if in summer a butterfly land on your wet hair
to drink or a cloud,
pink, hovers over your roof wherever your home may be
You will know for certain, at once
who it was that had brought them
there

я знаю, ти тут:

я чула цей звук –
випадково зустрівшись із ґудзиком металевим
дзвінко і довго клямка комоду тримала вібруюче “соль”
ти десь у цих стінах, в шухляді, підлозі чи люстрі на стелі
джином безпомічним б’єшся,
мов птаха об шибу,
мов риба об лід
в структуру твердої матерії

шість тижнів минуло
та ти все невидима і непочута
присутня між складками одягу в шафі
між рядками келішків в серванті
що, як завжди, дзеленчать
коли попри дім проїжджає вантажівка
шість тижнів минуло, і вчора
протяг раптовий звіяв зі столу
старі і нові фотографії

і вперше було помічено
нашу з тобою схожість –

я знаю, ти тут

i know you are here:

i have heard this before—
how after an accidental encounter with a metal button
the dresser's handle held long and clear a vibrating G
you are somewhere inside these walls, in a drawer, the floor
or the chandelier
trapped like a helpless jinn beating
like a bird against glass
a fish against ice
against the solid structure of things

six weeks have passed
and you are still unseen and unheard
present between the folds of the clothes in the closet
between the rows of glasses on the hutch shelf
which tinkle, as always,
when a heavy truck goes past the house
six weeks have passed, and yesterday
a sudden draft swept off the table
photographs, both new and old

and the similarity between us
for the first time was remarked upon

i know you are here

Одіссей

вертаєш з усіх доріг
туди,
де завжди видно зірки
де пес, впізнає тебе здалеку
де руки пам'ятають усі вимикачі

де нічого не змінюється –
і слава Богу
тільки твоя відсутність
додає меланхолії

однак ти
ніколи про це
не дізнаєшся

Odysseus

you return from all roads
to the place
where you can always see the stars
where the dog recognizes you from afar
where your hands remember all the light switches

where nothing changes—
and thank God for that
only your absence
adds to the melancholy

except you
will never
learn about it

антропологія

anthropology

• • •

захід над Цецино ситцевий, рифлений і глевкий –
плавно проміння над містом сиплеться
дай мені руку, птахо, на тобі серце, рибо
сон мій пролазить крізь дірки ситові
ситцеві хмари у вічі дивляться
стань моїми зіницями
глейкою душею
сонце

• • •

above the Tsetsyno mountain the sunset is calico, crinkly and sticky
the light pours out onto the city evenly
give me your hand, bird, take my heart, fish
my sleep seeps through the sieve
calico clouds look me in the eye
become my orbits
my half-baked soul
oh sun

звичайний день

сьогодні у вас нема запланованих зустрічей
тільки спонтанні

за прогнозом на день –
сонячно, часом мінлива хмарність
та заворушення демонів
рекомендація лікаря:
достатньо їх розпізнати

ви отримали кілька листів
два з них з минулого
не варто відповідати –
кажуть, протерміновані

можливо, вилізуть давні душевні
буде боляче
холодна і чорна прірва
манитиме десь у районі потилиці
рекомендація лікаря:
зосереджено не зважати

рекомендація лікаря:
довіряти собі й пташкам у коробці
у екстрених випадках відправляти сигнали в космос
там завжди хтось чує, кажуть

словом, звичайний день
доброго ранку

a regular day

today you have no planned meetings
only spontaneous ones

the day's forecast says
it is sunny, with passing clouds
and the stirring of demons
the doctor's recommendation:
it's enough to recognize them

you've got mail
two letters from the past
it's not worth answering—
they say they are expired

your soul's old maladies might make themselves known
it will hurt
a cold and black abyss
will beckon you from somewhere at the back of your head
the doctor's recommendation:
focus on ignoring it

the doctor's recommendation:
trust yourself and the birds in the box
in the emergencies, send your signals to the cosmos
someone out there always hears you, they say

in a word, just a regular day
good morning

на “Ви” з Богом

на годиннику перша ночі. Я в небі
тут подають вечерю усміхнені стюардеси

ти знаєш, коли пишу твоє ім’я на папері
стає легше
не знаю, котра зараз година в тій країні, що під нами
у неба є своя особлива часова смуга:
вона не має нічого спільного із меридіанами та паралелями
і навіть із полярним колом
тут невідома кількість годин у добі
а зорі так близько, ніби за склом

і тоді почуваюся акваріумною рибкою –
безпомічною і в замкнутому просторі
і в чужих руках

можливо, саме тому
кожного разу,
коли велика крилата машина
підіймає мене в небо,
я звертаюсь на “Ви”
до Бога
і прошу в нього дозволу,
прошу бути милосердним
і не гніватись,
що ми пролітаємо його територією
по самому краю

прошу обережно переставити наш акваріум
з континенту
на континент

to God with a formal You

it's one am on the clock. I am in the sky
dinner is served by smiling air-hostesses

you know, when I write your name on a piece of paper
it helps
I don't know what time it is in the country below us
the sky has its own timezone
which has nothing to do with meridians and parallels
or even the polar circle
the number of hours in the day is not known here
and the stars are so close, as if behind glass

and then I feel like an aquarium fish
helpless and inside a closed space
and in someone else's hands

perhaps that is why
each time
a large winged machine
lifts me into the sky
I address God
with a formal You
and ask his permission,
ask him to be merciful
and not get angry
that we cross his territory
the very edges of it

I ask him to move our aquarium carefully
from continent
to continent

daydreaming on the train

по женевському озеру
плаваються лебеді
та маленькі приватні яхти

потяг летить
я залишаю свої українські думки
у воді
прозорій і безкінечній

я би все віддала
за прогулянку на човні
просто зараз

daydreaming on the train

across lake geneva
swans float
along with small yachts

the train speeds
i leave my ukrainian thoughts
in the water
so clear and endless

i would give anything
for a boat trip
right this instant

джоґінґ

прокидаюсь у собі
в кімнаті в квартирі
ні світ ні зоря
виходжу в це місто й

чіпляюсь за Одру
як бісер за нитку нанизую
на неї внутрішню навігацію
вовком скрадаюсь уздовж берега
ні світ ні зоря
бетонованою набережною
де й запахів
не вловити
тільки течію

нанизую петлі кругом островів
петля на петлю
вовняне тепле плетиво –
чи овеча шкура?

а серце круком попереду і вгорі
вмру, як не наздожену

jogging

i wake up inside myself
in a room in an apartment
before the day dawns
go out into this city and

hold on to the Oder
thread my internal landmarks
on it like beads
steal like a wolf along the shore
before the day dawns
on the paved embankment
no hope
of catching a smell
only the current

i string loops around the islands
one after another
warm wooly knitting—
or a sheep's pelt?

my heart—a rook ahead and above me
i'll die if i don't catch it

навиворіт

всередині кожного з нас –
дім нічний, що сниться
заплутані коридори, потаємні кімнати
що в поспіху ніколи звідати

і тільки коли тебе замкнуто
у денному домі із цегли, бетону й вікон
на сорок днів і ночей
сорок років пустельних
сорок років мандрівки
сорок днів у безрусі
згадуєш і знаходиш
дім свій нічний

бо насправді, ми – равлики
тільки навиворіт
носимо завжди з собою
свій внутрішній дім

omnia mea mecum

inside out

inside every one of us:
a house at night, the one we dream of
a maze of hallways, secret rooms
we are always too much in a hurry to visit

and only when you are locked
in a daytime house, made of brick, concrete and windows
for forty days and nights
forty desert-wandering years
forty years of journeying
forty days of not moving
do you remember and find
your nocturnal house

because in fact we are snails
turned inside out
we carry everywhere with us
our internal home

omnia mea mecum

shadowboxing

наші з тобою дерева
вплелися у сірий асфальт
вітами
тінями
сірий асфальт щойно висох
від вчорашнього снігу
мокрого й запізнілого

тіні не мають кольору
дерева не мають листя
тому їхні тіні точні

сьогодні пополудні
вилізла на дах будинку
привітатися з сонцем
голою

внизу по асфальту
горизонтальному й сірому
бігали тіні
і їх вертикальне відображення
нічого не коштувало

сонце сушило асфальт
тіні гілок вростали у асфальт
тіні людей повзли по поверхні
подумала, хтось наді мною
дивиться також на мою тінь
що ковзає по поверхні

shadowboxing

the trees you and i know
tangle with the gray asphalt
their branches
their shadows
the gray asphalt just dried
of yesterday's snow
wet and late

shadows do not have colors
the trees do not have leaves
and this makes their shadows sharp

today after noon
i climbed to the roof of the building
to greet the sun
naked

below on the asphalt
horizontal and gray
shadows ran
and their vertical reflection
cost nothing

the sun dried the asphalt
the shadows of tree branches grew into the asphalt
the shadows of people crawled on the surface
i thought: someone above me
is watching like this my own shadow
that slips on the surface

повернулася й побачила:
тінь від мене без одягу
була тінню дерева
що без листя

i turned then and saw:
my shadow without clothes
was the shadow of a tree
without leaves

вегетаріанка

моя червона сумка
з серійним номером
відомого бренду
була коровою

мала, мабуть,
великі і мудрі очі

моя чорна шкірянка
м'яка й приємна до тіла
була вівцею –
так пишуть на етикетці

не знаю, ким були мої черевики
кимось живим, мабуть.

отак і ходимо містом
отарою
зграєю
стадом

тренуємо
поведінкові механізми
дихаємо синхронно
пестимо шку(і)ру
собі навзаєм

the vegetarian

my red bag
with the serial number
of a well-known brand
used to be a cow

she probably had
large and wise eyes

my red leather jacket
so soft and nice on my skin
used to be a sheep—
that's what it says on the label

i don't know who my shoes used to be
it was probably someone living

so we go around the city
a flock
a pack
a herd

we train
behavioral mechanisms
breathe in unison
pet each other's pelts
or is it
skins

• • •

а може все скінчитись так,
що з тебе нічого не лишиться,
окрім ненаписаних книг

окрім чужого вірша
останньої соломинки,
що чула сотні разів раніше,
але тільки сьогодні раптом збагнула

час густий, як повидло з липневих морелей
внутрішній стержень живий і ламкий
ніби стебло гладіолуса

зненацька, у найпотрібнішу мить
тишу між нами заллє
несподіваний дощ

• • •

things might end in a way
that leaves nothing behind you
except your unwritten books

except someone else's poem
the last straw
you heard hundreds of times before
but suddenly realized only today

time is dense like jam made of July's wild plums
what holds you up is alive and fragile
like the stem of a gladiolus

all of a sudden, the instant we need it the most
it will flood the silence between us—
unexpected rain

хронічна гіперемпатія

вибирай знаряддя:
маємо вдома кухонні ножі
з гострими лезами
вдосталь термометрів

перетримуємо в руках
передаємо з рук в руки
з надією, що завтра все мине
і людство видужає,
чи, принаймні, нам так здаватиметься

терпимо біль вечірніх новин
що ніяк не вщухне
пережити б ніч
дочекатися світанку
і не втрачати надії

світ болить нам
смолою у грудях
чорні краплини чужого болю
ртутні кульки котяться, котяться
підлогою по вітальні

chronic hyperempathy

choose your tool:
at home we have kitchen knives
with sharp blades
plenty of thermometers

we hold them,
passing hand to hand
with the hope that tomorrow it will all be gone
and humanity will be cured
or, at least, it will seem like it was

we endure the pain of the evening news
that just won't go away
it's enough to live through the night
see the dawn
and not lose hope

the world hurts
tar on our chests
black drops of someone else's pain
pinballs of mercury roll and roll
across the floor of the living room

альгометрія

чим ближче до закінчення зими,
тим важче дається кожен наступний день
розмотується багнюка по закутках
м'якшає, м'якшає в купах брудного снігу

падає стара черепиця з дахів
таких же старих літніх кухонь –
та на те вони й літні

шукаєш себе в послідовності звуків
послідовності крапель, що падають з даху
і в тому, що лишилося за вікном кухні
від замерзлого шматка сала –
синиці туди більше не прилітають
не прилітають навіть дрозди

і тільки самотнім з людей – добре:
їм брешуть зірки з екранів і неба
що от прийде Панна, все буде як треба,
все станеться й буде, буде
і навіть сусідська теплиця
обросте целофаном і в ній
зовсім скоро розквітнуть тюльпани або огірки

орнаментами в багнюці
стають відбитки від підошов

вибачте, цей світ мені так не підійшов,
чи не знайдеться на розмір більший?

algometry

the closer it is to the end of winter
the harder each day becomes
mud unravels in nooks and crannies
grows softer, softer in the piles of dirty snow

old tiles fall from the roofs
of summer kitchens, just as old—
but they are made for summers

you search for yourself in the sequence of sounds
the sequence of water that drips from the eves
and outside your kitchen window—
what's left of the frozen piece of pork fats
the tits no longer come
even the blackbirds don't

and only the lonely people do well:
stars from the sky and the TV screens tell them
the lie that Our Lady will come, things will be as they should,
all shall come true and last, last
and even the neighbor's greenhouse
will grow a skin of plastic and very
soon tulips will bloom in there
or will it be cucumbers

the prints of our soles
embellish the mud into patterns

i'm sorry, this world does not fit me as is,
would you happen to have one a size larger?

• • •

Сиріє Сиріє
рано рвана
сира
сіріє над обрієм
буря піщана
без кольору й запаху
пил
пісок
фосфор
зарин
зорі

• • •

Syria smarts
a serrated scar
raw
above the horizon
a sandstorm
ravels
without color or smell
dust
sand
phosphorus
sarin
stars

час ангелів

якогось дня
усі твої приватні ангели будуть
мертвими

залишиться
твердь земна під ногами,
моря й океани –
одразу у день четвертий

доведеться їх заселити живим –
птахами й комахами
п’ятого дня, рибами

ссавців і плазунів шостого дня
випустиш із кишені
і підеш шукати придатний порох

а ми всі ось тутечки, боже
мокрі, налякані та дрібні
тремтячи
чекаємо на потоп

ховаємося під величезним деревом
без плодів у твоєму саду

і створити б заново ангелів
але ще не час
не час

time of angels

some day
all your angels will be
dead

you'll be left
with the solid ground under your feet
the oceans and seas—
straight on day four

you'll have to populate them
with living things—
birds and insects of the fifth day
and fishes

you'll let out of your pocket
the mammals and reptiles that come on day six
and will go looking for suitable dust

and all of us here, lord,
wet, scared and small
are trembling
awaiting the flood

we hide under a giant tree
without fruit in your garden

would you make angels anew
but it's not yet the time
not yet

антропологія

музика людства
багатоголоса

є лише сторони світу незмінні
суша вода

єдиний початок
прамова
єдиний на всіх материк

мови зникають
океан пожирає півострови і атоли
тануть льодовики і айсберги
усе повертається до пупа землі
на початок
у перший день

щоб знову пройти повний цикл

anthropology

the human music
has many voices

only the cardinal points are immutable
the solid ground the water

a single beginning
the protolanguage
common for all continents

languages vanish
the ocean swallows atolls and islands
glaciers melt and so do icebergs
everything returns to the navel
the first day
the beginning

to travel the full cycle again

мурахи

кожної осені усе під ногами
стає сипучим піском

ніби стопи твої захворіли
мідасовим дотиком

чого б не торкнулись –
перетворюється на пісок
на мільярди мура́х
і від того так лячно
торкатись підлоги вранці

і від того земля, тротуар
хатні капці і теплі устілки
черевиків демісезонних
тягнуть у темну прірву
десь позаду твоєї ж потилиці

кажуть завмерти, не рухатись
не борсатися і чекати на порятунок
рано чи пізно і так навчишся в святого Петра
ходити як Бог
по тому, чия густина, здавалося б
не здатна тебе втримати

рано чи пізно навчишся дивитися
у бездонні очі темряви
приручати своїх мурах
навіть якщо
більше ніхто
їх не бачить

ants

every autumn everything underfoot
becomes running sand

as if your soles fell ill
with Midas' touch

whatever you touch—
turns into sand
billions of ants
and it makes it so scary
to touch the floor in the morning

it makes the ground, the sidewalk
your house slippers and the warm insoles
of your all-season shoes
pull you into a dark abyss
somewhere right behind your own nape

they tell you, make yourself still, do not move
do not struggle and wait for the rescue
sooner or later you'll learn from St. Peter
to walk just like God
over things you'd never believe
could support your weight

sooner or later you'll learn to look
into the bottomless eyes of darkness
tame your ants
even if
no one else
can see them

дивні тривожні знаки

бо як повірити березневому небу,
і сонцю, що вже майже в зеніті,
якщо довкола ще досі лежить білий сніг

ще вчора він сипався і.... шелестів.
так шелестить у жовтні листя,
що першим падає до землі.
так шелестить гарячий пісок на пляжі
коли ти місиш його ногами
босими і сифонить крізь пальці ніг

хочеться вірити тільки птахам –
і вони, так само, зяблики
зграєю пролітають над головою
і так само шелестять крилами

ось інша зграя на дереві
принишкла від холоду
і ледь чутно муркоче

світ не тільки змінився
у кольорі,
а й у звучанні

strange alarming signs

how to trust the March sky
and the sun near the zenith,
if white snow still lies all around

only yesterday it came falling . . . rustled.
so the leaves that fall first
to the ground rustle in October.
so the hot sand on the beach rustles
when you knead it with your bare feet
sieve it through your toes

you only want to trust the birds—
and they, just like that, the finches
fly overhead in a flock
and rustle their wings just like that

here's another flock in a tree
huddled against the cold
it murmurs softly

the world's color has changed
but not only
it sounds different

ластівка

привіт
срібна ластівко
чао

не труди своїх крил
ці гори південні
тобі не під силу

знаєш
дорогу закрито
де тебе окільцьовано
звідки ти думала, що втекла
куди так і не повернулась

пташеня під крилом
дім під чужою стріхою
дерева високі і вічні
та зрештою, до дерев чомусь
якнайшвидше звикаєш

а на лапці
тоненька червона ниточка
от до неї не призвичаїтись
врізається в шкіру
ледве помітна
і ниє тобі
ниє

the swallow

hello
silver swallow
ciao

do not work your wings
these southern mountains
are too much for you

you know
the road is closed
where you have been banded
where you thought you'd escaped
where you never returned

a fledgling under your wing
a home under a stranger's eves
the trees are tall and eternal
then again, the trees are the things
you get used to first

on your leg
a thin red thread
that one you cannot get used to
it cuts into your skin
barely noticeable
and pulls
pulls

slow-motion

уперше в житті так кричиш
та крику не чути
повітря густе й від удару гаряче
ця сцена тобі знайома, її не раз
проживала з героями кінофільмів
виявляється, вона насправді проходить
в режимі slow-motion

повільно й граційно розкриваються
подушки безпеки й повіки –
широко, як ніколи, бо, може, востаннє
а може, від жаху, а може, від неминучості
смерть заглядає в зіниці
краплями беладони

повільно й граційно скло вітрове
покривається зморшками тріщин
жодних спогадів жодних жалів
жодного бога та ангелів
тільки хрускіт і скрип металу і подив –
у мене кістки є, хребет і суглоби
і ось саме зараз вони
виконують свою музику – їхній зоряний час – ламаючись

усе замовкає, наступає космічна тиша
мить правди на теренах безбожжя
хоча більше схоже на вічність і суд страшний
який нікому розсудити

slow motion

for the first time in your life you scream
like this but your scream can't be heard
the air is dense and hot with the impact
this scene is familiar, you have
lived through it many times with characters in the movies
it turns out, it really does
unfold in slow motion

slowly and gracefully they open
the airbags and your eyelids
wider than ever before, because this might be the last time
or perhaps in terror, or to face the inevitability
death looks into your pupils
with drops of belladonna

slowly and gracefully the windshield
develops the wrinkles of cracks
no memories whatsoever no regrets
no god no angels
only the snap and grind of the metal and the surprise—
i have bones, a spine, and some joints
and right at this moment
they are singing their song—it's their time to shine—as they break

everything stops, a cosmic silence sets in
the moment of truth in the vale of godlessness
although it feels more like eternity and the final judgment
with no one to pass it

а потім з котроїсь із міфологій
(добре знатися на релігіях,
у таких ситуаціях знадобиться:
чим більше релігій – тим більше шансів
до когось докликатись, зрештою)
а потім з котроїсь із міфологій
з'являється римський божок-вагітан

першим прибуває на місце події
відкриває тобі, новонародженій, рот
вкладає у нього дар мови і каже:
на, тримай, це твій ще один шанс
оця купа брухту – нове материнське лоно
світло вгорі над собою – бачиш?
й рука допомоги, що приймає пологи,
прийме у цей світ і тебе – давай

and then he comes
from one of the many mythologies
(it's good to be familiar with many religions,
useful in such circumstances:
the more religions you know the better your chance
of getting someone's attention)
and then he comes
from one of the mythologies
the minor Roman god Vagitanus

he is the first to arrive at the scene
he opens your newborn's mouth,
puts the gift of speech into it and says:
here, take this, you get another chance
this pile of wreckage is a new mother's womb
there's light up above—do you see it?
and the helping hand that waits for the childbirth
will carry you into this world—come now

Риби

просто, буває
виростаєш – і стає тісно,
і стає прісно, і млосно стає, і пізно
наші стелі вже такі різні, скатертини такі морозні, пакую валізи
душі наші у пісок втиснені, стежки важким взуттям стоптані
дороги нездолані, трави нескошені, а пам'ять потоплена
розсуваємо фіранки, визираємо нишком через кватирку
гей-гей, широкий світе, блакитне світло і місячні скрипи
Молочний шлях, сузір'я Риб, Андромеда і всякі туманності
як там на небі, вікна затемнені, кватирка вузька,
просто так не вибратись
пальці по шибі малюють риб, рухаються без хиб
плавники їхні гострі, риби пливуть росою,
скрапують згори вниз, вниз згори…
якщо таки зможеш вибратись, випливти,
виплисти разом з рибами, вибути з цього простору
просто вилетіти шулікою крізь кватирку
забери до Риб і мене
до свого сузір'я

Pisces

it happens sometimes
you grow up and things feel cramped,
things feel vapid, and sick-making, and late
our ceilings are now so different, tablecloths frosted in place, and I pack
our souls are pressed into the sand, paths beaten deep in heavy footwear
roads not gone to their ends, memory drowned and grasses unhayed
we open the curtains, steal a look outside on the sly
hey-hey, the wide world, the blue light and the creaking Moon
Milkyway, the constellation of Pisces, Andromeda and various clouds
how is going up in the sky, the windows are dark, only open a crack,
too narrow to squeeze through
your fingers draw fish on the pane, move without error
the fins are sharp, the fishes swim with the rain
slip down from above, from above slip down . . .
if you have it in you to swim, to break away,
to swim with the fishes, to vacate this space
to turn into a kite and simply to fly away
take me with you to Pisces
to your school of stars

• • •

збираєш свій біль у клубок
ніби волосся з підлоги
під час сезонного авітамінозу

ніби перше опале листя – в букет
за звичкою з початкової школи
точно ще знадобиться в якійсь
аплікації чи ікебані колись
та навряд

мінус на мінус – не завжди плюс
біль на біль – не завжди любов
осінь нас розкладає на біоритми
війни нові
ідуть

ріжеш на смужки цупкий папір
місиш клей із муки й води
заліпити щілини вечірніх новин
аби не сочився пісок із сирійських пустель
і пил з териконів Донбасу
у твою вітальню

пішли назбираєм ще листя
щілини заклеєно
нам би й без них
пережити
жовтень

• • •

you pick up your pain in a ball
like loose hairs from the floor
in vitamin-deficient seasons

make a bouquet, like with first fallen leaves
a habit you've had since elementary school
you're sure you'll use it
in a collage or an ikebana, for sure
but probably not

two minuses do not always make a plus
two pains do not always add up to love
autumn divides us into biological rhythms
new wars
go on

you cut thick paper into narrow strips
mix water and flower into glue
to paste over the cracks of the evening news
so the sand from the Syrian deserts
and the coal-dust from Donbas
stop seeping into your room

let's go gather more leaves
we're done covering cracks
it is hard enough
to live till the end
of October

сезонна

Autumn cannot bereave us.

—*Rose Ausländer*

щоби пізнати Господа –
і ти про це думаєш
кожного разу на злітній смузі –
треба вдивлятися у далекі вогні
пам'ятати про гравітацію
вивчати фізику

робити знімки перехожим,
заглядати їм в очі та душу

кожні пів року переїжджати
аби набирати повітря в легені
випірнувши

щоб подолати сезонну –
глядіти в обличчя страхам,
покладатись на психосоматику
думати про смерть і змиритись
з її неминучістю, чи пізніше
чи вже сьогодні

втікати, щоб не згубитись
чекати посадки по той бік,
де любов продається
в книгарнях й Старбаксі
приймати, не роздивившись,

seasonal

Autumn cannot bereave us.

—*Rose Ausländer*

to know the Almighty God—
and you think about this
every time the plane taxies to take-off—
you have to look hard at the distant lights
remember gravitation
and study physics

you have to take pictures of strangers
peer into their eyes and souls

move house every six months
or draw full lungs of air
surfacing

to overcome the seasonal—
face your fears straight on,
rely on the psychosomatics
contemplate death and make peace
with it being inevitable, later
or even today

run away so as not to get lost
wait to board the flight to the other side
where they sell love
in bookshops and Starbucks
accept, without looking,
in spite all the physics you've learned
this as a seasonal axiom:

порушивши вивчену фізику
як аксіому сезонну:
що кожної осені
кожного
з нас
є потрохи
в Нью-Йорку
і трохи
Нью-Йорку
у кожному
з нас

every fall
there's a little
of each one
of us
in New York
and a little
New York
in each
one of us

Розі Ауслендер в Нью-Йорку

Розо,
ти знала
як почути бога у самому серці мангеттену
якимось чином ловила руками
алюмінієві спіралі пружин
що звисають з неба

а потім відходила на безпечну відстань
до єдиної яблуні
в центральному парку
і вибирала слова
закладала їх в яблуко замість зерен
і відправляла пружиною в космос
відпускала

Розо,
я знаю, ти чула
голоси поколінь, що застрягли в повітрі
між тридцять четвертою й п'ятою авеню
сортувала їх по зайнятих офісах
телефонних кабелях і телеграфу до європи

а також у радіоефіри нью-йоркських служб таксі
і водії, бадьорі та байдужі
приймали їхні замовлення
їхали за неіснуючими адресами
блукали
зникали
звільняли

For Rose Ausländer in New York

Dear Rose,
you knew
how to hear God in the very heart of Manhattan
somehow you caught in your hands
the aluminum spirals of springs
that hang from the sky

then, you'd go stand at a safe distance
next to the one apple-tree
in the central park
and choose your words
encase them in apples instead of the seeds
and spring them into the universe
let them go

Dear Rose,
I know you heard
the voices of generations that got stuck in the air
between the fifth avenue and the thirty fourth street
you sorted them into occupied offices
telephone cables and telegraph to europe

as well as into the radio chatter of the New York taxis
and the drivers, spry and indifferent,
picked up their calls
went to non-existent addresses
drove around
disappeared
set them free

арфістка в сабвеї

скільки в тобі помістилося міст?
мостів у легенях
трамвайних колій в артеріях
об'їзних доріг – довкола серця
спальних районів на піднебінні
переїздів поміж поверхами вниз та вгору
вокзалів – вийшла, і далі по пам'яті

скільки в тобі помістилося простору
переходів підземних, станцій
вуличних музикантів, іноді – незабутніх…
пам'ятаєш арфістку в сабвеї?
тримайся за ті чисті звуки
шукай їх всередині себе
тримайся за внутрішнє світло
будь частиною світової столиці

медитуй щоранку, випивай щовечора
зупинись нарешті, навчись рівномірно дихати
навчись не тікати від себе по світу
навчись зупинятись, бодай на вершині
думай про внутрішню арфу
абстрагуйся від зовнішнього
повторюй собі під ніс
розину мантру
і говори з цим містом:

твої сирени, що схлипують
наша музика
твої колії наші вени
твоя підземка
наш дім

a harp player on the subway

how many cities fit inside you?
bridges in your lungs
streetcar lines in your arteries
bypasses around your heart
suburbs on the roof of your mouth
how many moves from one floor to another up and down
railway stations: you come out and follow your memory

how much space fits inside you
underground passes, stations
street musicians, some of them unforgettable . . .
remember the harp on the subway?
hold on to its pure sounds
look for them inside you
hold on to the internal light
be a part of the world's capital

meditate every morning, have a drink each night
stop already, teach yourself to breathe evenly
learn how not to run from yourself all over the world
learn to stop, at least at the top
think of the harp inside you
let the external slip past you
repeat under your breath
rose's mantra
and speak to this city:

your sobbing sirens
our music
your tracks our veins
your subway stations
our home

додому

твоє тіло у капсулі
твої рани стерильні
твоє місце у черзі тобі заброньоване
і ніким іншим
не буде взяте

хмари як айсберги
як біле латаття
усе, що з тобою діється
насправді не діється
це просто хімічні реакції всередині мозку

рука до руки – тактильне залізо
чи м'якість металу від крил
твій вибір – омана, гротескний політ
перемкніть апарати в готовність додому

going home

your body is in a capsule
your wounds are sterile
your place in the line is reserved
and no one else
will take it

clouds like icebergs
like white water lilies
everything happening now
is not as a matter of fact
it's just the chemistry working inside your brain

hand to hand—tactile metal
or the metal made soft by the wings
your choice—a mirage, a grotesque flight
set all your hardware to homebound mode

• • •

всі вони
ті, що мене недонесли
не вберегли і не витримали – лід затонкий
всі вони, що рано чи пізно кидали у зимну воду
напризволяще

всі вони
на кому навчилась не вірити
навчилася плавати і випливати
не судомити і не чути холоду
ті, що лишись за муром зими
і скотились до біса вниз сніговою кулею

не можу тепер пригадати
їхніх імен

• • •

all of them
who couldn't quite take me across
didn't keep me safe and couldn't go on—the ice was too thin
all of them who sooner or later dropped me into the cold water
left me to fend for myself

all of them
with whom i learned not to trust
learned to swim and swim all the way to the shore
learned not to cramp and not to feel cold
all of them, who were left behind the wall of winter
and rolled to hell in a giant snowball

i cannot now recall
their names

амнезія

amnesia

крешана

ми з ним двоє птахів рідкісного виду
механічні серця всередині
золотими ниточками зшиті

він боїться мене поранити
я боюся його любити

але у ті дні, коли у мене скляніють крила
він летить піді мною
аби я не розбилась
хоча каже
просто не в гуморі бути вище

але у ті дні, коли сонце тримається низько
від нас обох одна скісна тінь
падає на пшеничні поля
і пише по них дивні коди

по дорозі на південь
відмотуємо з полів лінії й кола
у єдиний тугий клубочок
і зшиваємо золотом
наші болючі місця
він – мені
я – йому
живе до живого

і серце вогонь
креше

firebird

he and i are a pair of bird of a rare species
mechanical hearts inside us
held together by golden threads

he is afraid to wound me
i am afraid to love him

but on the days my wings turn to glass
he flies below me
so that i wouldn't break apart
although he says
he's just not in the mood to be higher

but on the days when the sun stays low
the two of us cast a single tipped shadow
onto the wheat fields
it writes strange codes on them

on the road south
we wind fields into lines and circles
wind them into a single tight ball
and stitch with the golden thread
all the places that hurt
he—mine
i—his
flesh to flesh

and the heart strikes
sparks

спросоння

приходиш уві сні
нічого не береш
нічого не питаєш
набуваєшся трохи
і йдеш собі

тільки над ранком
спросоння здається
ніби затерпло
серце

when i wake up

you come in my dreams
take nothing
ask nothing
stay for a bit
and then leave

only in the morning
when i wake up i feel
my heart
numb

блукачі

один їздить по островах
і шукає свою жінку
в чужих

другий проклятий
на вічні блукання

третій таки повертається
і плаче

четвертий, наближаючись до замку,
постійно від нього віддаляється

Одіссей
Аґасфер
Блудний Син
Ландфермессер

котрий із них – ти?

wanderers

one travels from island to island
looking for his wife
among strangers

another is cursed
doomed to eternal wandering

the third does come back
and weeps

the fourth keeps getting farther away
from the castle he keeps riding to

Ulysses
Agaspher
the Prodigal Son
Landvermesser

which one of them is you?

лілії

бував і так
що не треба нікуди виходити
окрім як за водою
за псами
ховатися за псалмами
шукати прихований зміст
не розуміти, що з нами діється
дотик леліється
як королівська лілія на іконі

розкажи мені
свої
найстрашніші сни

lilies

sometimes it goes like this:
you don't have to go out
except to get water
or with the dogs
you hog
the psalms
look for the hidden meaning
wonder what's happening to us
a touch is a sliver of light
like the royal lily in the icon

tell me
your
most terrifying
dreams

затемнення місяця

скучив, – він мені шепче

риби на стінах терпкої кімнати
пішли проти течії заламаних рук
замкнуті сни, переплетені звуки
напрямки текстів як роза вітрів

між софом й алефом, алефом і софом
килим, розкиданий одяг і софа
повня блакитна, вишневий пунш
світляки обсідають кущі і світяться

це літо вперше в столітті таке спекотне
плавляться мрії й шиплять на розпеченій шкірі
засмага зливається з ніччю й затемненням
і я нічого довкола більше не бачу
тільки
краплю
поту
на його скроні

moon eclipse

i've missed you, he whispers

the fish on the walls of the austere room
swim against the current of our twisted arms
dreams are locked up, sounds are wound
writing disperses—a compass rose

between ein sof and aleph, omega and alpha
there's the rug, the sofa, the scattered clothes
cherry punch and the blue full moon
fireflies flock to the bushes and glow

so far in this century, this summer's the hottest
dreams melt and sizzle on scorching skin
suntan bleeds into the night and the moon eclipse
and i can see nothing around me
only
a drop
of sweat
on his forehead

waiting

так можна просто собі існувати хоч скільки хочеш
поглядати на термометр за вікном і чекати дощу по обіді
прислухáтись до запахів і затяжно вдихати липу
рахувати ночами зірки від задухи й безсоння
ранками чистити зуби й лежати у ванні
так, знічев'я, скурити цигарку-другу
розмовляти з котом – про те і про се і про тебе
діставати лід з морозилки незграбно
складати на день список справ
ще звечора благополучно його губити
не виходити з дому днями, хіба по черешні,
аби цілитись кісточками згори в перехожих
розмовляти з котом, забути про телевізор
нумерувати світанки і дуже повільні заходи
переставляти книжки, а між тим
іноді вголос котові читати поезію–
про те і про се і про тебе

waiting

you can go on like this as long as you want
check the thermometer and wait for rain in the afternoon
be attuned to the smells and take in long breaths of the linden
count stars at night when hot and unable to sleep
brush teeth in the mornings and lie for a while in the bath
smoke because there's nothing better to do
talk to the cat—about this and that and about you
awkwardly reach for some ice in the freezer
make a to-do list for the day
and lose it the previous evening
not leave the house for day except to buy cherries
so you can launch the pits at the strangers' heads down below
talk to the cat, forget about television
number the dawns and very slow sunsets
rearrange books and while doing that
recite poetry, out loud to the cat—
about this and that and about you

там, де ти

сумувати тобою – пити
гірку текілу на світанку над морем
слухати мев у польоті і їхні зойки, теребити
замріяно коси подовгу збиратись,
повільно рухатись, нічого не їсти
чи майже нічого
курити зрання і аж поки не стане важко дихати,
вдихати і видихати
ніби навмисно не даємо думкам рости, розпускати
пагони як ліани
сумувати тобою –
писати довгі імейли, зберігати
в чернетках і там залишати
прибиватись до групи туристів
і ходити за нею, бо хтось із них
чимось схожий до тебе, щось має від
твоїх рис і жестів

топити кожен день у морі,
залишати роз'їдати солоній воді й піску
знаєш, завжди мріяла жити на узбережжі,
знаєш, шукати натхнення, з повітря його
вбирати
творити,
але, знаєш, чомусь за увесь час написалась єдина фраза:
знаєш, здається, мій дім там, де ти

where you are

to long for you—to drink
bitter tequila at dawn by the sea
listen to seagulls in flights, their screams, play
absently with my hair, take long to get ready
move slowly, skip meals
or eat very little
smoke in the mornings and until it gets hard to breathe
breathe in and breathe out
as if we don't let our thoughts unfurl on purpose, send out
runners like vines
to long for you—
to write long emails, save them
in drafts and leave them there
follow a tourist group surreptitiously
because one them has something
of you, something of your
features and gestures

drown each day in the sea
leave it to be eroded by salt water and sand
you know, i've always dreamed i'd live by the sea
you know, to find inspiration, to absorb it
straight out of the air
to create
but, you know, in all this time i've only written this thing:
do you know, i think my home is where you are

Houston, we have a poet

тягнутись до тебе крізь часопростір
крізь тріщини в космосі, збої в системі
помилки в матриці, віщі сни
дежавю, дежа-лю, дирижаблі
століть, капсули часу
де небо і пекло – одне і те ж

душе моя зблизнячена
друге моє крило
це моя реінкарнація
певно, з п'ятнадцятa
та тебе куди занесло?

з іншого виміру чую вібрації
по нитці летять крізь портал
душе моя зблизнячена

від Бога одна жменя пороху
на обох

Houston, we have a poem

to reach for you through space-time
through cracks in the cosmos, system malfunctions
glitches in the matrix, prophetic dreams
déjá vu, déjá lu, dirigibles
of centuries, time capsules
where heaven and hell are the same thing

oh my twinned soul
my other wing
i've been reincarnated
at least a dozen times
but where have you been?

i feel the vibrations from another dimension
the thrumming thread runs through the portal
oh my twinned soul

God gave one handful of dust
for us both

узріти

у відкритому космосі як у відкритому морі
застиглим кристалом висиш в невагомості
коли біль накриває незбагненною хвилею
відпускаєш порядок, піддаючись хаосу
розсипаєшся на купу клітин

розмовляєш з собою мертвими мовами
голосами прадавніх, забутих
кожен із нас тільки камінь
вічності символ крихкий

аж поки у темряві зоряній,
з темного боку Землі, там де ніч
хтось в Карпатах для тебе запалить
блідо-жовтий вогонь-горицвіт

спиниться час і на мить
скажеш собі, затнувшись:

молитися – це обійматися з Богом, знаєш

discernment

in the open space like on the open sea
you hang—a frozen crystal in zero gravity
when pain, a wildering wave, swallows you
you let go of order, give in to chaos
scatter into a collection of cells

speak to yourself in dead languages
the voices of the primordial and the forgotten
every one of us is but a rock
eternity's brittle token

until in the starry darkness,
from the dark side of the Earth, where it is night
someone in the Carpathians lights for you
the pale yellow flame of Adonis

time will stop and, with a catch
in your throat, you'll tell yourself:

praying, you know, is hugging God

не проспати

головне, не проспати літак
не проспати літак
головне не проспати
завтра схоже на будь-який день без лиця
коли на виході з дому від пальта відпадає ґудзик

серед березня й квітня містом летить заметіль
вже ніхто не зважає на катаклізми, просто кажуть – антициклон
і коли тобі щось не вдається, кажуть – спробуй іще, пробуй іще
за тисячним тільки скажуть, що таке це життя
і його призначення – не вдаватись

вдайся мені, як сьогоднішній день
з розлитою на блузці кавою і неприємностями на роботі,
з проґавленими автобусами
і, можливо, загубленим багажем

вдайся й віддам тобі, чоловіче,
за дві години до відльоту
ще трохи ніжности

not to miss

the thing is, not to miss the plane
not to miss the plane
not to miss—the thing
tomorrow looks like all other days without faces
when a button falls off your coat as you go through the door

in march and april snowstorms rip through the city
no one worries about the cataclysm anymore, just says—
it's a weather system
and when you fail at something, they say try again, keep trying
you'll fail a thousand times before they say, such is life
and its purpose is to keep failing

work out for me, will you, just like this day
with the coffee i spilled on my shirt and problems at work,
busses i missed
and, quite possibly, my lost luggage

work out for me and i'll give you
a little more love
two hours before my flight

* * *

посидь поруч
розкажи мені мовчки
як тепло узимку птахам на замерзлій ріці
як падає сніг
як опускається ніч
як серце-вуглинка
ніби комета
спадає на мою планету

• • •

sit by me
tell me without speaking
how warm the birds are in winter on the frozen stream
how the snow falls
how night descends
how the heart an ember
bends like a comet
toward my planet

скриня

на
тримай
ця скриня тепер і твоя
все життя з нею ношуся
сам попросив
тримай

ця моя любов
ноша моя найважча
ні купи ні продай
ні повернення ані обміну
хіба хтось зголосився би
як ти оце

тож тримай

кожен своє несе –
скрині та хрестики
хтось комусь Аґасфер
хтось комусь Симеон
(та й того примусили)

і більше ніхто нікому нічого
тільки от ти оце

the chest

here
hold it
this chest is now also yours
all my life i've been dragging it with me
you asked for it
hold it

this is my love
the heaviest of my burdens
can't buy it or sell it
no returns or exchanges
except if maybe someone volunteered
as you did

so hold it

everyone carries their own
chests and chest crosses
someone is someone's Agafer
someone is someone's Simeon
(and he, too, was forced into it)

and other than that, no one is anyone's anything
only you here with this

• • •

ця любов – яблуневий сад
безкінечний простір
де прадавнім мохом застелений діл
та плоди на деревах
розміром із футбольний

зриваю один, тулю до себе
в обіймах двома руками
червоним золотом підсвічую
душу в нього вдихаю
і пасую тобі

тепер м’яч на твоїй половині поля
грай

• • •

this love is an apple orchard
a space that is limitless
where the ground is rolled with ancient moss
and the fruits on the trees
are the size of footballs

i take one down, hold it close
hug it with both arms
bask in the red gold
breathe a soul into it
and pass to you

now the ball's on your side of the field
play

проба на віру

маю ступити на килимок
із кольоровим потовченим склом
затамувати подих
налаштуватись на біль
приготуватися до порізів
і що, можливо, потече кров

і як тільки наважуюсь
відчайдушно заплющивши очі
виявляється
килимок - голограма
авраамів кинджал
мойсеїв вогонь
проба на віру

пробач

ти не скло
ти теплий пісок

і поруч
відкрита долоня
що запрошує
спертися

a test of faith

i must step onto this rug
covered with colored glass shards
must hold my breath
brace for pain
prepare to have my feet cut
possibly, to see blood

and as soon as i make that step
eyes squeezed hopelessly shut
it turns out
the rug is a hologram
abraham's knife
moses' flame
a test of faith

forgive me

you are not glass
you are warm sand

right here
an open hand
that invites me
to lean on it

не приходь

добре
гаразд
більше не буду писати вірші

але ти теж
не приходь більше, тільки тому
що був десь за рогом неподалік
щоб лишитися зі словами:
ти мала довгий день
розкажи

але ти теж
не приходь раптом:
ти мала складний тиждень
а у мене тут пляшка вина

або ще так:
ти втомлена
не готуй нічого
я вже піцу замовив

не хочу більше писати віршів
а ти стоїш такий на порозі:
ти завтра знову летиш,
то я зайду, нагодую твого кота
угу?

і я стою така і не знаю
хіба можна було без тебе раніше?

біс із ними, із тими віршами
хоч би й проза життя

don't come

alright
fine
i will stop writing poems

but you too
do not come here just because
you were somewhere around the corner
to stay, saying
you've had a long day
tell me

but you too
do not come unexpected:
you've had a tough week
and i've got a bottle of wine

or like this:
you are tired
don't worry about dinner
i've ordered a pizza

i don't want to write any more poems
and there you are on my doorstep:
you're flying out tomorrow,
so i'll drop by to feed your cat,
okay?

and i just stand and don't know
before—how did i do without you?

to hell with them, the poems
give me the prose of life

на рукаві

кажуть,
існує така невиліковна хвороба
коли народжуєшся із серцем назовні

з такими як ти
таке стається кілька разів за життя:
помираєш помираєш
народжуєшся народжуєшся
відростає воно тобі

і знов
помираєш помираєш
і не боїшся любити вкотре
носиш серце назовні
безцінний аксесуар –
на рукаві
to wear one's heart on a sleeve

to wear one's heart on a sleeve

they say,
there's this incurable disease
when you are born with your heart on the outside

with people like you
this happens again and again:
you die and you die
you get born and get born
the heart grows back

and again
you die and you die
and aren't afraid to love again
wear you heart on the outside
a priceless accessory—
on your sleeve

амне́зія

приходить якийсь чоловік
обіймає, цілує за вухом
а потім каже:
у мене без тебе за весь цей час
у грудях еустома виросла
холодна і біла ніби зима
от я тобі й приніс
твоя ж улюблена

а я збираю думки докупи
згадую згадую згадую
хризантема камелія фрезія
білого забагато білого
холоду забагато холоду
циненарія ечеверія
амне́зія

чоловіче красивий
не можу згадати, хто ти
і чому в мене самої у грудях
від твого подиху
еустома теплими барвами
наливається
і з холодної
стає ніжною

amnesia

a man comes
hugs me, kisses me behind the ear
then says:
in all this time without you
i had lisianthus grow in my chest
cold and white like winter
here i brought you some
i know it's your favorite

and i try to gather my thoughts
remember remember remember
chrysanthemum camelia fresia
white too much white
cold too much cold
cineraria echeveria
amnesia

dear handsome man
i cannot recall who you are
and why it is that my chest
under your breath
colors lisianthus in shades
of warmth
turns it from cold
to delicate

прикипіти

серце такий неслухняний звір
тримаєш в коробці на повідку
а воно чує поряд
в сусідній клітині
інше
і все одно
ніби пес із прив'язі
уривається утікає вистрибує

і поки ми зайняті спільними справами
цілями
перельотами
білки його гладеньких м'язів чують друге
закипають плавляться
сплавляються із волокнами іншого

отак ми й прикипаємо серцем
твоє – до мого
моє – до твого

один шрам на двох
сіамські близнюки
не розділиш більше

хіба напівпомерти обом
біда

to fuse

the heart such a disobedient animal
you keep it in a box on a leash
but it can sense
another one
right next to it
and like a dog
breaks the chain
breaks away runs off leaps

while we are busy with our shared circumstance
goals
comings and goings
the proteins of its smooth muscle sense the other
heat up and melt
fuse with the other's fibers

that's how we have our hearts fused
yours—to mine
mine—to yours

one scar for the two of us
siamese twins
no longer separable

unless we could each half-die
mercy

нитки

і ніби випадково, але насправді – ні
трохи заблизько, так, щоб вловити подих і запах
протестувати себе на близькість
пам'ять потренувати пригадуванням
кожної його родимки
кожної деталі його тату
ваше кодове слово на лівій ключиці
ваш таємний символ у тебе на зап'ясті
звідки вони взялися

чужі
не вдається вимовити –
колишні

так, видихнула
встала і вийшла
розвернулася й пішла
зібрала себе докупи
вийшла

хірургічні нитки на серці
озвались і тріщать-бо

stitches

pretend it's unintentional when it's really not
a little too close, close enough to catch his breath, his smell
examine your own intimacy
test your memory by remembering
his every mole
his tattoo's every detail
your shibboleth on his left clavicle
your secret symbol on your wrist
where did they come from

they are foreign
cannot pronounce them
has-been

so, you exhale
you get up and leave
you turn around and walk out
you pull yourself together
and go

the stitches on your heart
call out, stretched taut

purple rain

здається, я знаю, навіщо Бог зламав тобі
саме три ребра, саме тоді, коли ми
застрягли разом
у понівеченому металевому коконі
на узбіччі нічної траси
з першого мав зробити
тобі із мене сестру-близнючку,
вимісити наші гени, ніби тісто,
зліпити із нього нову ДНК
дати нам тимчасово спільну утробу
й витягти згодом на світ свій
аби в ньому більше ніколи не було самотньо
з другого мав створити для тебе коханку
впровадити твоє ребро в мій скелет, як щепку в тіло
молодої дикої вишні, що пнеться до сонця,
спрагла життя
гілля її гнучке і пружне
диким деревам байдужа родючість,
їм би рости й дивуватись
світу і всім його примхам, та вже як приручиш таку
назавжди з тобою залишиться крупною і солодкою
ранньостиглою, вірною
з третім ребром найскладніше –
з нього нічого не вийде
хіба що сопілка, як в українських казках
і під голос із неї тихо
до тебе пригорнусь на фіолетових простирадлах
поцілую те місце, де шви і подихом
на ньому витатую
те, що лунає з радіо нашого понівеченого авто

purple rain

i think i know the reason God broke
exactly three ribs of yours exactly when we
the two of us got trapped
in the crippled metal cocoon
that night on the side of the highway
the first he meant to use
to make you a twin-sister from me,
knead our genes like dough
twist it into new DNA
give us a shared womb, for a time
and then pull her out into his world
so it would never again be lonely
the second he intended to make into a lover for you
graft your rib onto my bones like a splint into the body
of a young wild cherry tree that leans into the sun
thirsty for life
her limbs are supple and strong
wild trees care nothing for fruit crop
they wish only to grow and to marvel
at the world and its whims but if you manage to tame one
she'll stay with you—constant, and faithful, and early
to bear large and sweet cherries
the third rib's the hardest—
no thing will be made out of it
except maybe a flute like in ukrainian folktales
when it speaks, i will quietly
press myself closer to you on the purple sheets
kiss the place where the stitches went in and breathe
a tattoo on your skin:
what came from our crippled car's radio

що злетіло з дороги:
I only wanted to one time to see you laughing
I only wanted to see you
Laughing

when we went off the road
I only wanted one time to see you laughing
I only wanted to see you
Laughing

незворотні процеси

дай часу час
дай собі ще один шанс
пробуй спочатку
далі шукай

а я, як простий олівець
що не вміє писати без натиску
ламаюсь заточуюсь падаю
з часом знову стаю підточена

але з кожним надламом –
зменшуюсь зменшуюсь
незворотній процес
вичерпний ресурс
і ради на то нема

ще раз, гляди, й закінчуся
скінчуся
незворотній процес
і ради на то
нема

irreversible processes

give time time
give yourself one more chance
try again from the start
keep looking

and i like a number 2 pencil
that cannot write unless pressed
break sharpen fall down
then with time again become honed

but with every fracture
i grow smaller smaller
an irreversible process
a finite resource
it cannot be helped

look out—one more and i'll end
i'll run out
an irreversible process
it cannot be
helped

післямова: три рівні болю і любові

7 вересня 2016 року з МКС на Землю повернулася команда астронавтів, які брали участь у космічному експерименті під назвою "Альгометрія". Назва його – від приладу, альгометра, яким вимірють больовий поріг. Суть експерименту полягала в тому, щоб вивчити вплив довготривалих космічних польотів на больову чутливість людини, а також порівняти, як біль відчувається на Землі та на орбіті. Тобто, альгометрія – це про вимірювання болю.

Здавалось би, біль, як любов – абстрактні поняття. Хіба вони піддаються вимірюванню? Чи, боронь Боже, порівнянню? Однак науковці емпіричним способом дійшли висновку, що, живучи на Землі, ми приречені відчувати біль, – у космосі він відчувається значно менше.

Для поета любов і біль набирають форму тільки в амфорі мови. Вірші – це коли з душевного пороху формуються скульптури зі слів. Згустки енергії, потаємна захисна зброя, магічне закляття, терапевтичні ліки. Послання у пляшці, код, що має стільки варіацій, скільки в нього є читачів і прочитань. Знеболювальне, що допомагає полегшити земне існування, мій особистий космічно-душевний експеримент.

У площині мови межа між ніжністю й любов'ю та болем також набагато тонша, ніж може здаватися. Чутливість до болю англійською позначається тим самим словом, що й "ніжність" – tenderness. "Tender" перекладемо на українську як "ніжний", а втім, етимологічно це слово окреслює ранимість. Ім'я Одіссея, наприклад, означає дослівно "син болю". Він страждає сам і ранить інших, завдає їм болю дорогою додому, під час своїх мандрів, є причиною і носієм страждань. "Кожне слово кожної мови – це як діамант, що ховається в камені. Покопай глибше – і знайдеш там безцінну мудрість", – зауважив Дж. С. Фойер про етимологію, і я з ним цілком погоджуюся й також у глибшому пригляданні до слів шукаю свої скарби.

three levels of pain and love: an afterword

On September 7, 2016, a team of astronauts returned from the International Space Station to Earth. Up in orbit, this team took part in a space-science experiment titled "Algometria." The name comes from the device, the algometer, used to measure the pain threshold. The goal of the experiment was to study the effect of long-term space flight on human sensitivity to pain and to compare how pain is experienced on Earth and in orbit. Algometry, thus, is about measuring pain. Pain, like love, would seem to be an abstract notion. Could such things ever be measured? Or, God forbid, compared? The scientists, however, proved empirically that by living on Earth we are doomed to be in pain—humans in space feel it much less.

For a poet, pain and love only attain a shape when poured inside the amphora of language. Poems are word sculptures made for the dust of the soul. Clusters of energy, secret defensive weapons, magic spells, therapeutic drugs. A poem is a message in a bottle, a code that has as many variations as it finds readers and readings. An analgesic that makes this earthly existence tolerable, my personal space-soul experiment.

In the realm of language, the line between tenderness, love and pain is also thinner than it might seem. In English, sensitivity to pain is conveyed with the same word that denotes affection, "tenderness." "Tender" is translated as "nizhnyi" (ніжний) ("affectionate") into Ukrainian, but etymologically this word also conveys vulnerability. The name of Odysseus, for instance, means literally "son of pain." Odysseus suffers himself and hurts others, causes other people pain as he makes his way home, in his travels, and is both the reason and bearer of suffering. Jonathan Safran Foer remarked on the subject of etymology, "Every word of every language is like a diamond in the rough. Dig a little deeper—and

Мова болю є універсальною. Писати – це також проробляти біль. Писати боляче. Особливо, коли хочеться бути спроможною робити це одразу, подолати внутрішнє провалля між відчуттям тексту та написаним текстом. Але через це провалля – одна вузесенька кладочка, по якій можна пройти лише літера за літерою. І це – перший рівень болю і любові.

Біль є єдиним. «Біль і мука так само страшні у хробачому тілі, як і в тілі велетня, біль – "один", так само як простір – один, вони не діляться на частки, і скрізь, де біль з'являється, він несе в собі ту саму – цілісну – страхітливість», – пише Ґомбрович в "Порнографії". Біль, ніби невидима сітка, ніби атмосфера, огортає Землю метафізичною мережею, до якої ми всі під'єднані кабелями, що називаються емпатією. І це другий рівень болю – уміти його поділяти з усім живим.

Віктор Франкл писав про емпатію як про один зі шляхів знайти мотивацію жити в найекстремальніших ситуаціях. У концтаборі, де був і Франкл, який потім оповів цю історію, одній жінці триматися за життя допомагала гілочка за вікном: мінялися сезони, мінявся колір листя на ній, опадав цвіт, облітало листя... Вона ніби підключилася через увагу на цьому живому елементі світу до глобальної енергії і це допомагало їй виживати. А ті, що зовсім не відчували емпатії, ставали наглядачами. Такі соціопати були жорстокими, їм не боліло, коли боліло іншим. Усучасному житті таких людей без емпатії, за статистикою, десь 8%. Може й більше. Ті, що мають досвід життя із нарцисистичними особами, знають, що це – життя на вулкані, ніколи не знаєш, коли вибухне. Вони живлятьсяприниженням та знеціненням інших. Зазирати у кратер вулкана не так страшно, як у провалля людської душі. Серце темряви – це не лише про сили природи. Зіткане з темряви серце трапляється й у людей.

Коли Бог виганяв Адама та Єву з Едему, то призначив їх відповідальними за все живе на планеті. Тому немає більшого гріха, ніж дивитися, як горить, приміром, сибірська тундра,

you will find priceless wisdom," and I couldn't agree more. I, too, look for my treasure by studying words closely.

The language of pain is universal. Writing is also a way of processing pain. Writing hurts. Especially when you so desperately want to do it instantly, to leap over that chasm between the intimation of a text and the written text. But there's only one fragile narrow bridge across that chasm, one that can only be crossed letter by letter. And this is the first level of pain and love.

Pain is both singular and universal. "Pain and suffering are just as terrible in the body of a worm as they are in a giant's body. Pain is singular in the same way as space is singular, they cannot be divided into parts, and everywhere pain appears, it brings with it the same—singular—horror," Witold Gombrowicz wrote in *Pornografia.* Pain envelops Earth like an invisible net, like atmosphere, blankets it with a metaphysical circuit to which we are all wired by the cables that are empathy. And this is the second level of pain: being able to share it with every living thing.

Viktor Frankl wrote about empathy as one of the ways of finding the will to live in the most extreme conditions. In the concentration camp where Frankl was imprisoned, one woman was able to hold on to life by focusing on a tree branch outside her window: as season changed, the leaves on the branch change color, the flowers bloomed and fell, then the leaves fell... By focusing her attention on this living fragment of the world the woman seemed to plug into a universal energy, and this helped her survive. The people who did not feel empathy, on the other hand, became the guards. Such sociopaths were cruel; they felt no pain when others were hurt. According to statistics, about 8% of all people alive today are like that, without empathy. Possibly more. Those who have spent time with narcissistic individuals know it's like living on a volcano: you never know when things will erupt. Narcissists thrive on humiliating and devaluing others. Looking into the mouth of a physical volcano is not as terrifying as peeking into the abyss of a human soul. "The heart of darkness" does not just refer to the forces of nature. Some people, too, have hearts spun of darkness itself.

як гинуть мільйони птахів, оленів, лосів, лисиць та ведмедів – і нічого не робити. У Баруха Спінози любов – це actio, а не passio. Любимо ми діями, проактивно почуття спрямоване на віддавання. Емпатії також навчає йога, бо вчить, як самому, у прямому сенсі,ставати деревом, собакою, скорпіоном, мостом, коброю. Ці перевтілення дають відчуття приналежності до світу на рівних умовах, а не вищості над ним, оздоровлюють не тільки тіло, а й душу. Колись тато навчив мене не боятися змій. Ані павуків, ні мишей, бо всі ми живі й маленькі, і боїмося більших від нас.

Елізабет Ґілберт у своїй "Великій магії" говорить те саме: зі страхом, так само як із болем, а значить, так само як і з емпатією (себто, чужим болем), потрібно домовлятися. Не можна забороняти собі відчувати ці емоції, тим паче відкидати їх, інакше вони психосоматично підуть у тіло. Навпаки, слід дозволяти їм бути, віддавати належну шану, дякувати та просити не йти, а стати осторонь і дозволити робити те, що треба зробити. І вони перетворюються на групу підтримки. Інтегрувати свідомо біль у наше життя, уміти з ним жити. А втім, найкращою вправою на емпатію завжди залишатиметься література.

Скільки болю може поміститися в одному людському житті, аби не завдати йому шкоди? Джармуш у фільмі "Only lovers left alive" прирікає своїх персонажів на вічне блукання й безперервне пізнання, активне буття, яке дає безсмертя. Вони свідомі того болю, якого завдають як вампіри, але вони відчувають біль планети, спричиненийлюдством. Вони прийняли його, але залишилися спостерігачами.

Можливо, те, що на Землі біль відчувається сильніше, ніж у космосі, пов'язане з гравітацією, – коментують "альгометрію" вчені. У фільмі Крістофера Нолана "Інтерстеллар" саме так і є – через гравітацію головному герою вдається налагодити контакт із дочкою. У цій історії гравітація стає не просто метафорою любові, яка здатна подолати час і космічний простір, вона зв'язує усю історію докупи міцним дротом

When God sent Adam and Eve from the Garden of Eden, he made them responsible for every living thing on the planet. Therefore, there is no greater sin than to watch, for instance, the Siberian tundra burn, watch millions of birds, deer, moose, foxes and bears perish—and do nothing. Baruch Spinoza defined love as *actio,* not *passio.* We love with actions; love is a proactive emotion that seeks to give. Yoga also teaches us empathy by teaching us, quite literally, to become a tree, a dog, a scorpion, a bridge, or a cobra. These transformations cultivate the sense of belonging to the world on an equal footing with other things—not a superior one—and nurture the soul along with the body. When I was a child, my dad taught me not to fear snakes—or spiders, or mice, because we are all small living things and fear those that are bigger than us.

Elizabeth Gilbert in her *Big Magic* has the same message for us: you must find a way to talk to your fear—and pain, which also means empathy (the pain of others). You cannot forbid yourself to experience these emotions, or, worse, deny them—that will force them, psychosomatically, into your body. On the contrary, you must welcome them, respect them, thank them and ask them not to leave, but to stand beside you and help you do what must be done. This will turn them into your support squad. We must intentionally integrate pain into our lives, learn to live with it. And literature will always remain the best exercise in empathy.

How much pain can fit into one person's life and not damage it? Jim Jarmush in his film *Only Lovers Left Alive* condemns his characters to eternal wandering and ceaseless learning, an active existence that gives them immortality. They are conscious of the pain they cause, being vampires, but they also feel the pain that humankind is inflicting upon the planet. They have accepted it but remain observers.

Scientists postulate that gravitation accounts for the more intense experience of pain on Earth than in space. That is, indeed, the case in Christopher Nolan's film *Interstellar*: the force of gravity is what enables the hero to establish contact with his daughter. In that story, gravity becomes not only a metaphor for love capable

і веде героя до місця, де та, котру він найбільше любить, – додому. І це – третій рівень любові та болю.

Тож нам залишається одне – прийняти біль як нормальну частину людського буття, інтегрувати його свідомо в наше життя, уміти з ним жити, бо ми мешкаємо на планеті Земля і ми – люди.

"Ми на Землі. Нема на це ліків", – писав Семюель Бекет. Наш спільний біль – це те, що робить нас людьми, і те, що вказує на нашу приналежність планеті Земля. Але хіба в космосі ми були би меншою мірою люди?

Ірина Вікирчак

of conquering time and space—it ties the entire narrative together like a steel cable and leads the hero to where the person he loves most in the world is, home. And that is the third level of love and pain.

So, we are left with the only choice: to accept pain as a regular part of human existence, integrate it intentionally into our lives, and learn to live with it, because we live on the planet Earth and we are humans.

"You're on Earth. There's no cure for that,"* Samuel Beckett wrote. Our shared pain is what makes us human and what signals our belonging to the planet Earth. And yet, would we be somehow less human in space?

Iryna Vikyrchak

* In the Ukrainian, Beckett's quote is translated as, "We are on Earth," signifying the collective lived experience.

acknowledgments

Algometry is my dearest and most personal poetry book. The decade it took me to grow it poem by poem was an intense time for reflection. The questions that haunted me through that period of time can be read between the lines. What does it mean to be human? Here on Earth and beyond it? What does it mean to be a Ukrainian at home and in the globalized world? What does it mean to be a woman of my generation? What did the experience of growing up in the '90s in my country mean to who we are right now? Shortly after the first publication of this book in 2021, history showed these things to us in the most violent way.

I would like to thank my first Ukrainian publisher Taisiia Nakonecha and her publishing house, Parasolia, for believing in this philosophical-poetical journey back then. I thank Halyna Kruk, a prominent poet and a great mentor for her support and advice on the manuscript. To Vasyl Makhno and Ostap Slyvynskyi I owe the very first endorsements and invaluable support. *Algometry* was awarded the Kovaliv Fund Award in 2022.

Algometry owes its international voice rendered with great sensitivity to metaphors and the rhythm to the amazing translator and poet herself, Nina Murray. I am forever grateful to her for believing in this project and being the most attentive reader of it.

It is an incredible honor to become part of the *Lost Horse Press Contemporary Ukrainian Poetry Series.* I feel deeply humbled and grateful to share the shelf with the most appreciated Ukrainian poets of our days, especially with the beautiful and meaningful painting on the cover by the artist from Lviv, Olga Opanashchouk.

I would like to express my profound gratitude to publisher Christine Lysnewycz Holbert and series editor Dr. Grace Mahoney for believing in the potential of this book and welcoming it to their publishing house.